Judith Le Huray

Ein Channel für die Zukunft

Judith Le Huray

Ein Channel für die Zukunft

Für Lehrkräfte gibt es zu diesem Buch
ausführliches Begleitmaterial beim Hase und Igel Verlag.

Dieses Buch ist eine gekürzte, in größerer Schrift
gesetzte Fassung des gleichnamigen Titels,
der ebenfalls im Hase und Igel Verlag erschienen ist.

www.hase-und-igel.de
Lektorat: Anna Schultes, Patrik Eis
Illustrationen: Petra Dorkenwald
Satz: Appel Grafik München GmbH
Druck: Grafisches Centrum Cuno GmbH & Co. KG

ISBN 978-3-86316-460-7
1. Auflage 2023

Inhalt

1. Kapitel

Ein starkes Team

„Oh Samira, das ist sooo cool!“, quietscht eine Sechstklässlerin auf dem Schulhof. „Du bist ein richtiger YouTube-Star.“

„Ach was.“ Samira wirft ihre langen Haare zurück. „Ich bin doch erst am Anfang.“

„Pff!“, prustet Nora. Sie stupst ihre Freundin Isi mit dem Ellenbogen an. „Miss Spliss hat einen neuen Fan.“

„Mein Haar hat Spliss“, äfft Isi die Klassenkameradin nach. „So kann ich unmöglich aus dem Haus gehen!“

Seit einem halben Jahr hat Samira einen YouTube-Kanal. Im ersten Video jammerte sie wegen ihrer gespaltenen Haarspitzen. Angeblich hat eine teure Haarspülung geholfen. Seitdem berichtet sie jeden Monat von einem neuen Wunderprodukt und gibt Kosmetiktipps.

„Hallo, Mädels. Habt ihr heute Mittag schon was vor?“

„Hi, Lenny.“ Isi grinst. „Willst du ein Date mit uns beiden?“

„Genau. Wir sollten mal die neue Ausgabe der Schülerzeitung planen."

„Schade." Nora stöhnt. „Ich dachte, du wolltest uns zu einem Eis einladen." Noch lieber würde sie allein mit dem Wuschelkopf aus der Achten in die Eisdiele gehen.

Lenny lacht. „Vielleicht ein anderes Mal. Heute um eins in unserem Büro?"

„Eigentlich sollte ich lernen", meint Isi.

„Ach was." Lenny winkt ab. „Lernen wird überbewertet. Außerdem ist es bei euch in der Siebten ja noch nicht so wild."

Isi rollt die Augen. „Leider hab ich kein Männchen im Kopf, das mir alles vorsagt." Keiner weiß, wie Lenny zu seinen guten Noten kommt. Er lernt kaum, gehört aber trotzdem zu den Besten seiner Klasse.

Um zehn nach eins sind sie erst zu dritt in dem kleinen Büro der Schülerzeitung. Da stürmt Esma herein. „Habt ihr schon angefangen? Hoffentlich nicht! Musste dringend noch was zu Ende erzählen."

Nora lacht. „Echt? Das ist ja mal was ganz Neues."

Die Sechstklässlerin Esma ist erst vor knapp vier Jahren aus Syrien gekommen. Inzwischen spricht sie erstaunlich gut Deutsch – und redet manchmal pausenlos.

Bald darauf öffnet sich wieder die Tür. „Hallo, Leute!", ruft Mark und wirft seinen blonden Pony zurück. „Ich musste eben noch was Wichtiges checken."

„Okay, du Checker", sagt Lenny. „Dann sind wir endlich komplett."

Die fünf sind ein prima Team. Jeder in der AG hat andere Talente. Nora sprüht vor Ideen. Sie will Reporterin werden. Isabell, genannt Isi, ist supergut in Rechtschreibung. Esma kann toll zeichnen. Und bei Interviews fragt sie den Leuten Löcher in den Bauch. Für die Technik ist Mark zuständig. Der fast fünfzehnjährige Lenny ist der Älteste. Er kann gut organisieren und hält den Laden zusammen.

„Also, wir sollten mal wieder eine Ausgabe planen“, beginnt Lenny.

„Mir würde ein Malwettbewerb gefallen“, sagt Esma.

„Gute Idee.“ Isi schiebt ihre Brille zurecht. „Vielleicht zu einem Thema, das die Schule oder die Stadt betrifft.“

„Aber Esma darf nicht teilnehmen“, sagt Nora mit einem Augenzwinkern. „Sonst haben die anderen keine Chance.“

Lenny notiert alles. „Weitere Vorschläge?“

„Die poplige Ausstattung unseres Computerraums wäre einen Bericht wert“, findet Mark. Er kämmt mit den Fingern seine Haare zurück. „Aber ich wollte noch was anderes vorschlagen. Wie wär's mit einem YouTube-Channel?"

„Wie Miss Spliss?" Nora tut so, als würde sie sich sorgfältig schminken.

Sofort steigt Isi ein. „Huch, mir ist ein Fingernagel abgebrochen", jammert sie. „Hilfe, ich brauche einen Notarzt!"

Mark lacht. „Na ja, natürlich nicht so."

„Samira ist auch viel hübscher als wir", findet Esma.

Lenny zuckt mit den Schultern. „Wer weiß, wie sie ohne die Tonne Schminke aussieht. Ihr seid mir jedenfalls lieber."

„He, jetzt hör mal auf, die Mädels anzubaggern", beschwert sich Mark. Dann kramt er einen Prospekt aus der Tasche. „Die Stadt sucht ein paar Jugendliche für ihren Channel. Es gibt sogar Knete."

Lenny nimmt den Zettel und liest vor:

Stadtkanal hofft auf junge Talente

Für den städtischen Videokanal sucht die Stadt Rautestein ein Team von jungen Leuten zwischen 12 und 18 Jahren. Mit Beiträgen zu einem selbst gewählten Thema sollen sie die Bevölkerung überzeugen. Nach einer Vorauswahl treten die besten Teams gegeneinander an.

Innerhalb von sechs Wochen werden pro Filmcrew drei Videos online gestellt. Die Gruppe mit den meisten Followern gewinnt.

Das Siegerteam erhält eine Filmausrüstung. Für jedes beim Jugend-Stadtkanal veröffentlichte Video (fünf bis sechs pro Jahr) gibt es 200,– Euro.

„Zweihundert Euro pro Kopf?“, fragt Isi.

„Nee, hab eben nachgehakt“, antwortet Mark. „Trotzdem nicht übel. Das wären vierzig Mäuse für jeden.“

„Hört sich interessant an“, findet Nora.

„Ja, da müssen wir uns bewerben!“, quietscht Esma aufgeregt.

Noras Blick fällt auf ein Datum. „Och nö, das erste Video ist schon in zwei Wochen fällig. Das schaffen wir nie!“

„Na ja, ein bisschen knapp ist es“, gibt Mark zu.

„He Leute, wir kriegen das hin!“, ist Lenny überzeugt. „Wir sind schließlich ein starkes Team. Also, wer ist dafür?“

Sechs Hände gehen nach oben. Je eine von Lenny, Mark, Nora und Isi. Dann noch zwei von Esma, die damit wild herumwedelt.

„Dann würde ich sagen, wir treffen uns morgen um dieselbe Zeit wieder“, sagt Lenny. „Bis dahin denkt jeder über Themen nach. Vielleicht können wir ja in der Zeitung von der Filmerei berichten.“

Mark winkt grinsend ab. „Videos sind viel besser. Da muss man nicht lesen.“

„Na, das passt ja für Blondies wie dich“, witzelt Isi. Sie weiß, dass Mark stapelweise Bücher über Technik verschlingt.

„Hey, wenn du nicht nett zu mir bist, schneide ich dich aus den Aufnahmen raus“, mahnt Mark im Spaß.

Alle fünf lesen und schreiben gern. Alle fünf wirken begeistert bei der Schülerzeitung mit. Aber ein eigener YouTube-Channel – das wäre eine neue, spannende Herausforderung.

2. Kapitel

So ein Müll

Am nächsten Mittag kommt Lenny gleich zur Sache. „Welche Vorschläge habt ihr nun für den Video-Kanal?“

Esma macht den Anfang: „Wie wär’s, wenn wir über die Lehrer an den Schulen von Rautestein berichten?“

„Ich fände interessant, den Neubau des Jugendhauses zu verfolgen“, meint Isi.

„Okay, klingt beides gut.“ Lenny blickt von seinem Block auf. „Ein Bericht über das Sportangebot wäre auch ein Thema.“

„Ich hab zwei Ideen.“ Nora schiebt sich eine Locke hinters Ohr. „Zuerst hab ich gedacht, wir könnten so eine Art Stadtführung für Jugendliche machen.“

Mark nickt. „Coole Idee. Könnte von mir sein."

„Heute Morgen ist mir aber noch etwas eingefallen", macht Nora weiter. „Wie wär's mit einem Umweltthema? Im Moment ist auf den Gehwegen alles voll mit Gelben Säcken. Ich sag euch: Der Müll wächst uns über den Kopf."

„Echt?" Mark betrachtet Nora genau. „Ich seh nix. Aber vielleicht ist der Müll *in* deinem Kopf."

„Nee, der ist mit Hirnmasse ausgefüllt. Im Gegensatz zu deinem", scherzt Nora.

Esma kommt wieder zur Sache: „Aber die Säcke werden doch abgeholt. Bei uns in Syrien lag der Abfall oft wochenlang auf den Straßen. Viele wurden davon krank."

„Das Zeug im Gelben Sack wird zumindest wiederverwertet“, sagt Mark.

„Man kann nur einen Teil recyceln“, korrigiert Nora. „Vieles landet in ärmeren Ländern. Oft auch im Meer, wo dann Tiere sterben. Das Plastik verstopft ihren Verdauungsapparat und sie verhungern.“

„Nora hat recht“, bestätigt Lenny. „Das Thema ist wirklich wichtig. Aber was hat das mit Rautestein zu tun? Die Videos sollen ja für den Stadtkanal sein.“

„Jeder von uns ist für die Umwelt und unsere Zukunft mitverantwortlich.“ Nora redet sich so richtig in Fahrt. „Ich will nicht krank werden durch schlechte Luft und Mikroplastik. Die machen nämlich um unser Städtchen keinen Bogen.“

„Da ist was dran“, sagt Isi. „Wenn wir noch siebzig Jahre lang leben wollen, kann es nicht so weitergehen.“

„Ich will hundert werden“, stellt Esma klar. „Das sind noch achtundachtzig Jahre.“

Nora lacht. „Dann müssen wir uns echt mächtig anstrengen.“

„Hm, wir kennen uns mit dem Thema allerdings nicht gut aus“, wendet Isi ein.

„Das ist das kleinste Problem“, meint Lenny. „Man kann sich informieren.“

Nora richtet sich auf. „Die Müllabfuhr kommt erst in zwei Stunden. Wir könnten jetzt raus und alles anschauen. Vielleicht machen wir auch Fotos. Danach überlegen wir, ob das interessant genug ist.“

„Okay.“ Lenny klappt seinen Block zu.

Seit dem Morgen sind noch mehr Gelbe Säcke hinzugekommen. Vor allem vor einer Gaststätte ist ein enormer Haufen.

„Starkes Bild." Mark fotografiert den gelben Berg.

„Das ist wirklich extrem viel unnützes Zeug", stöhnt Lenny einige Häuser weiter.

Esma untersucht einen der Säcke. „Wieso? Sieht alles ganz normal aus: Dosen, Joghurtbecher, Wasserflaschen …"

„Da könnte man eine Menge vermeiden", meint Nora. „Die Plastikflaschen sind meistens nur Einweg."

„Quatsch." Mark schüttelt den Kopf. „Da zahlt man doch Pfand für."

„Im Gegensatz zu Mehrwegflaschen werden sie aber nicht noch einmal befüllt",

entgegnet Lenny. „Die kosten Pfand, damit nicht so viele Flaschen in der Landschaft landen. Hilft allerdings nicht immer.“ Bei seinen Touren mit dem Bike hat er schon oft wilde Abfallhaufen gesehen.

Isi seufzt. „Ich kapier nicht, wie Leute so doof sein können. Der Müll im Wald oder am Straßenrand sieht übel aus und bringt Tiere in Gefahr."

„Vom Burger-Bigger gibt es immer ganz viel Abfall", erinnert sich Esma. „Der liegt oft herum. Sogar auf dem Spielplatz. Obwohl dort Mülleimer sind."

„Wir könnten ja mal beim Burger-Bigger vorbeigehen", schlägt Nora vor. „Um uns ein Bild davon zu machen."

Mark legt eine Hand auf den Bauch. „Gute Idee. Ich hab riesigen Kohldampf."

Sie machen sich auf den Weg. Mark stürmt als Erster in das Lokal. Dort bestellt er sich einen Doppelburger mit Pommes und eine Cola. Auch die anderen holen sich etwas. Selbst Nora, obwohl sie sich über das Einweggeschirr ärgert.

Nachdem alles aufgefuttert ist, fotografiert Lenny das Chaos auf dem Tisch. „Echt der Hammer, wie viel Müll wir schnell mal produziert haben."

Mark lacht. „Hättest eben langsamer essen müssen. Außerdem waren die Pommes in Pappe."

„Dafür braucht man auch Rohstoffe", wendet Isi ein. „Bäume zum Beispiel."

„Soweit ich weiß, ist sogar das Rindfleisch schlecht für die Umwelt", überlegt Nora. „Die ganzen Rinder müssen ja …"

„Hä? Du spinnst doch." Mark zeigt ihr einen Vogel. „Mir schmeckt der Burger. Das lass ich mir von euch nicht vermiesen."

Zurück in der Schule stimmen sie ab, um was es in ihrem YouTube-Kanal gehen soll.

Mark ist gegen das Umweltthema. „Das ist doch voll grottig und öde. Nur was für Müslifresser“, meint er. „Dann lieber Lennys Vorschlag mit dem Sportangebot. Oder eine Stadtführung für Jugendliche. Aber nicht so ’nen Müll über Müll!“

„Es soll doch nicht nur um Abfall gehen“, wendet Nora ein. „Unsere Luft und das Wasser sind auch in Gefahr.“

Mark will sich dennoch nicht überzeugen lassen. „Solang hier keiner pupst, ist die Luft gut“, scherzt er. „Und das Wasser kommt sauber aus der Leitung.“

„Mir gefallen alle Vorschläge“, sagt Lenny. „Trotzdem bin ich für die Umwelt.

Vielleicht können wir mit unseren Videos etwas bewirken. Die Probleme mit dem Müll und die Klimaerwärmung können uns doch nicht egal sein."

„Ich mag's warm", wirft Mark ein. Doch die anderen stöhnen nur. Er wird überstimmt. Das Team will über Themen rund um die Umwelt berichten.

„Machst du trotzdem mit?", fragt Lenny.

Mark verdreht die Augen. „Na klar."

„Super! Leute, wir schaffen das! Unser Team ist das beste." Lenny klingt sehr sicher. Obwohl er ahnt, dass es einen harten Kampf geben wird.

3. Kapitel

Viel Stress, wenig Zeit

Beim nächsten Treffen stürmt Esma ins Büro. „Wisst ihr, was ich gehört habe?“

„Wir haben morgen frei?“, hofft Mark.

„Leider nicht.“ Esma seufzt. „Samira macht auch mit. Sie hat sich angemeldet.“

„Für den Stadtkanal?“ Isi stößt die Luft aus. „Was wird Miss Spliss denn zeigen?“

„Das will sie noch nicht verraten“, sagt Esma. „Aber nichts mit Kosmetik.“

Nora schluckt. „Das ist keine gute Nachricht. Sie hat viel mehr Erfahrung.“

„Ja, das ist hart“, stöhnt Mark. „Und sie hat schon jede Menge Fans.“

Die Neuigkeit verbreitet alles andere als gute Stimmung. Doch Lenny winkt ab.

„Unser Thema ist hundertpro besser. Also, was haben wir bis jetzt?“

Nora spielt eine ihrer Aufnahmen ab. „Mir gefällt dieses kurze Video besonders.“ Einer der Gelben Säcke war aufgerissen. Tetra Paks und Dosen liegen auf dem Boden. Im Wind rollen Becher davon. Plastiktüten fliegen durch die Luft.

Mark zeigt sein Handyfoto. „Hier ist der Gelbe Berg von Rautestein.“

Auch die anderen haben einige gute Aufnahmen gemacht. Mark zieht alles auf einen USB-Stick.

„Was meint ihr, sollen wir mit dem Abfallthema anfangen?“, fragt Lenny.

„Ja, würde ich schon. Mit dem Schwerpunkt Plastikmüll.“ Nora deutet auf den

Speicherstick. „Dafür können wir unsere Aufnahmen verwenden.“

„Aber Fotos sind doch kein Video“, wendet Esma ein.

Mark winkt ab. „Die Bilder kann man so ablaufen lassen, dass es wie ein Film wirkt.“

„Wir brauchen noch mehr Informationen und Fotos“, sagt Nora. „Auch über das Müllproblem auf der ganzen Welt.“

„Stimmt“, bestätigt Lenny. „Im Internet finden wir sicher was. Zum Beispiel Bilder von Plastikmüll im Meer.“

„Oder Müllhalden in armen Ländern“, fällt Isi ein.

„Oh ja.“ Nora stöhnt. „Da müssen oft Kinder arbeiten und werden krank davon.“

„Vielleicht ein Interview?“, fragt Esma.

„Gute Idee“, meint Lenny. „Super wären Leute aus Rautestein.“

„Von der Müllabfuhr. Oder vom Wertstoffhof“, sagt Nora. „Und wir sollten ein paar Passanten befragen.“

Esma strahlt. „Das mach ich dann.“

„Wir können uns zusammen Fragen überlegen“, bietet Isi an.

„Okay. Wir anderen suchen bis Montag nach Infos und Bildern“, bestimmt Lenny.

Ein gutes Video in knapp zwei Wochen zu schaffen ist harte Arbeit. Nora muss noch Klavier üben und Isi Querflöte. Lenny trainiert für einen Schwimmwettkampf.

Endlich haben sie einiges an Material zusammen. Am PC sehen sie sich alles an.

Von Isis Smartphone sind die Aufnahmen von den Interviews. Esma hatte keine Scheu, Leute anzuquatschen. „Was halten Sie von dem ganzen Plastikmüll?“, fragt sie einen älteren Herrn. Der antwortet, dass es früher auch ohne gegangen sei.

Andere finden Plastik praktisch. Was später damit geschieht, wissen sie nicht genau. Einige trennen den Müll nicht mal.

Ein Mitarbeiter vom Wertstoffhof erläutert, wie bei ihnen sortiert wird. „Dort ist Holz, da drüben Papier. Dann haben wir Elektroschrott, Metall und Plastik“, erklärt er. „Das sind wichtige Rohstoffe. Auch wenn man nicht alles wiederverwerten kann.“

Nora und Lenny haben Berichte aus dem Internet gesammelt. Da erfährt man, wo eine ganze Menge von unseren Wertstoffen landet. Zum Beispiel wird eine riesige Müllhalde in Afrika gezeigt. Arme Familien wühlen im Dreck, um mit den Materialien einige Cent zu verdienen.

Dann folgen Bilder aus Malaysia: Berge von Flaschen, Tüten und Dosen aus Plastik oder Metall. Vieles wird dort unerlaubt verbrannt. Von den giftigen Dämpfen werden die Menschen krank. Zudem wird ihr Trinkwasser verseucht.

„Puh, echt heftig“, stöhnt Mark. „Wird wohl doch nicht so viel wiederverwertet.“

„Und die Berge werden immer größer. Plastik verrottet ja ewig nicht.“ Nora deutet auf einige Zahlen. „Eine Tüte braucht um die zwanzig Jahre. Eine Flasche sogar ein halbes Jahrtausend."

„Wegwerfwindeln über vierhundert Jahre!", staunt Isi.

Das Team überlegt, wie das Video aufgebaut werden soll. Welche Aufnahmen wollen sie verwenden? In welcher Reihenfolge? Wo passen die Interviews hinein?

Mit roten Wangen hetzt Esma in die nächste Sitzung. „Herr Wolf kommt gleich", verkündet sie keuchend.

„Der Biolehrer?", wundert sich Mark.

„Genau." Esma ist noch ganz außer Atem. „Ich hab ihm von unserem Video erzählt. Er will uns ein bisschen helfen."

Schon klopft es. „Darf ich reinkommen?"

„Wenn ich in der Bioarbeit eine Eins kriege …", witzelt Mark.

„Oh, ich fürchte, dann muss ich wieder gehen", antwortet Herr Wolf lachend. Doch Esma schiebt ihn zu einem Stuhl.

„Ich hab mal was gebastelt." Mark öffnet das Video am PC.

Aufmerksam betrachten sie das Ergebnis. Die eigenen Filmaufnahmen sind oft verwackelt und die Tonqualität recht bescheiden. Zudem ist das Video zu lang. Es darf nur zwanzig Minuten dauern. Doch für den Anfang ist es gar nicht übel.

„Hm." Herr Wolf überlegt. „Da sind interessante Infos dabei. Aber habt ihr auch die Bildrechte eingeholt?"

„Bildrechte?“, fragt ein überraschter Chor.

„Ups! Man darf ja fremde Fotos und Filme nicht einfach verwenden“, sagt Lenny.

„So ist es“, bestätigt Herr Wolf. „Leider sind solche Genehmigungen nicht leicht zu bekommen. Und das dauert.“

„Aber wir haben keine Zeit“, jammert Esma.

„Okay. Dann landet das Müllvideo im Müll.“ Mark will es schon löschen. Isi kann ihn gerade noch daran hindern.

Verzweifelt stützt Nora den Kopf in die Hände. „Die ganze Arbeit umsonst. Und mit dem Stadtkanal wird’s auch nix.“

Alle starren vor sich hin. Endlich unterbricht Herr Wolf die Stille. „Eure Idee ist toll, die möchte ich gerne unterstützen. Vielleicht kann ich euch mit dem Bildmaterial helfen.“

Nach drei Tagen bekommen sie von Herrn Wolf eine Datei mit interessanten Aufnahmen. „Die dürft ihr alle verwenden“, sagt er. „Ihr müsst aber im Video die Urheber angeben."

„Cool!" Esma ist begeistert. „Danke!"

Die Bilder ähneln denen, die sie auch gefunden hatten: Müllhalden in armen Ländern. Und Menschen, die darin nach verwertbaren Sachen suchen. Genau das, was sie benötigen. Der Jubel ist groß.

„Wir brauchen ein besseres Drehbuch", meint Isi. „Irgendeinen roten Faden. Der Film könnte zum Beispiel den Weg einer Plastikflasche verfolgen."

Isis Idee klingt einleuchtend. Allerdings erfordert sie zusätzliche Arbeit. Das Internet muss nach Infos durchkämmt werden. Zum Beispiel, wie Plastik aus Erdöl gemacht wird. Sie benötigen Fotos vom

Flaschenregal im Supermarkt. Und dazu natürlich die Bildrechte.

Endlich ist alles beisammen. Nun geht es wieder an die Planung. Was bleibt drin, was fliegt raus? Wie ist der Ablauf? Einen Filmtitel und den Abspann brauchen sie auch noch. Außerdem einen Sprecher im Hintergrund. Das macht Lenny. Isi schreibt den Text dafür. Den Film zu schneiden ist Marks Aufgabe.

Esma macht ein nachdenkliches Gesicht. „Wie heißen wir eigentlich?“

„Hm. Gute Frage“, gibt Mark zu.

Sofort hagelt es Vorschläge. „Müllstinker“ stammt von Mark. Esma würde „Sonnenblume“ gefallen. „Rautestein und unsere Erde“ ist Lennys Idee. „Umweltschutz für morgen“ schlägt Nora vor. Mark gähnt auffallend.

„Es sollte kürzer sein.“ Isi überlegt. *„Für Morgen.* Weil wir dafür kämpfen, dass wir morgen noch gut leben können.“

„Klingt cool“, findet Nora.

Esma malt die beiden Wörter auf ein Blatt. Mal in Großbuchstaben, mal klein.

Dann schreibt sie die Wörter zusammen, mit großen Anfangsbuchstaben.

Mark betrachtet das Bild mit verschränkten Armen. „Gar nicht übel."

„Echt gut. Einprägsam. Und sagt viel aus", lobt Lenny.

Allen gefällt die Idee. Also hat das Video-Team nun einen Namen: *FürMorgen.*

4. Kapitel

Starke Konkurrenz

Geschafft! Einen Tag vor Anmeldeschluss ist das Video fertig. In eindrucksvollen Bildern berichtet *FürMorgen* über das Müllproblem. „Nur eine Plastikflasche“ heißt der Film. Esma kauft eine Limoflasche im Supermarkt, trinkt sie leer und wirft sie in die Tonne. Man sieht Bilder von Gelben Säcken auf dem Gehweg. Sie werden gesammelt und der Inhalt sortiert. Es folgen die Interviews mit Passanten und dem Mitarbeiter des Wertstoffzentrums. Sprecher Lenny erklärt, dass ein Teil der Abfälle verschifft wird und in Asien landet. Auf einem Foto holt ein ärmlich gekleidetes Mädchen eine Limoflasche aus einem riesigen Berg Plastikmüll. Es könnte die von Esma sein.

„Ist gut geworden“, findet Nora.

„War aber auch eine Menge Arbeit für den Müll.“ Mark stöhnt. „Ob das reicht für die Vorauswahl beim Stadtkanal?“

Lenny lehnt sich zufrieden zurück. „Da bin ich mir sicher.“

Während der Stresszeit waren die Tage viel zu kurz. Doch wenn man auf etwas wartet, dauert jede Stunde ewig.

Nach über einer Woche bekommt Lenny einen Brief. Endlich! Aufgeregt trommelt er die anderen zusammen.

Vorsichtig öffnet Lenny den Umschlag. Alle fünf halten die Luft an.

Dann liest Lenny vor: „Liebes *FürMorgen*-Team, wir freuen uns, euch mitteilen zu dürfen, …“ Er atmet durch. „… dass ihr die Stadt Rautestein mit eurem Filmbeitrag überzeugen konntet.“

Weiter kommt Lenny erst einmal nicht, er wird vom Jubel übertönt. Da steht noch was von zwei weiteren Videos innerhalb der nächsten Wochen und dass dann die Bürger der Stadt auswählen würden.

Begeistert fallen sie sich um den Hals. In Lennys Umarmung würde Nora gern länger bleiben. Aber dann löst sie sich und spürt, wie sie rot wird. Zum Glück fällt es keinem auf.

„Jetzt müssen wir dringend den nächsten Beitrag planen“, meint Lenny.

Beim Treffen einen Tag später platzt Mark ins Büro. „Habt ihr gesehen? Die Videos sind online.“ Er startet den PC. „Hier.“ Mark öffnet die YouTube-Seite des Stadtkanals. „Miss Spliss hat’s auch geschafft.“

„Och nö“, stöhnt Isi. „Die kriegt doch voll den Größenwahn.“

Nora rutscht näher zum Monitor. „Wer ist außerdem dabei? Wir müssten ja drei Teams sein.“

„Phil“, stellt Lenny fest. „Mist, der ist ’ne coole Socke. Spielt Bass in ’ner Band.“

Zuerst sehen die fünf sich noch einmal das eigene Video an. Dass es in der engeren Auswahl ist und weltweit gesehen werden kann, ist aufregend.

„Jetzt Samira“, schlägt Esma vor.

Die Klassenkameradin von Nora und Isi möchte über Modeläden aus Rautestein berichten. Als Erstes hat sie die Boutique CRAZY FOR YOU ausgesucht. Sie sieht sich alles an und redet mit der Besitzerin. Samiras Fazit: sehr empfehlenswert.

„Das ist echt unheimlich wichtig für den Weltfrieden“, bemerkt Nora.

„Aber gut gemacht“, gibt Mark zu. „Sehr professionell. Sie muss fähige Helfer und eine bessere Filmausstattung haben.“

„Ihr großer Bruder ist Fotograf“, weiß Esma. „Der hat ihr bestimmt geholfen.“

Rockmusiker Phil will über alles berichten, was die Musikszene von Rautestein zu bieten hat.

„Den kenn ich gar nicht“, stellt Isi fest.

„Er geht auf die Nordschule“, sagt Lenny. „Durch seine Band hat er jede Menge Fans.“

Nora seufzt. „Wie Miss Spliss.“

In seinem Film besucht Phil ein Livekonzert in einer Rockkneipe der Altstadt.

Er erzählt Interessantes über das Lokal, die Musiker und die mageren Gagen.

„Der ist verdammt gut“, gibt Nora zu.

„Gegen die anderen haben wir ziemlich abgekackt“, meint Mark.

„Der Inhalt zählt“, entgegnet Lenny.

Die ersten Reaktionen der Rautesteiner sind leider nicht sehr aufbauend. Es tauchen immer mehr Kommentare unter den Filmen auf. „Endlich nimmt jemand unsere Modeläden unter die Lupe“, ist eine Meinung zu Samiras Bericht. „Interessanter Einblick in die Rautesteiner Musikwelt“, heißt es bei Phils Video.

Beim *FürMorgen*-Beitrag dagegen gehen die Meinungen sehr auseinander.

Esme Ralda: *Ganz nett, aber was hat das mit Rautestein zu tun?*

Hinterwäldler: *Wir müssen weltweit Plastik reduzieren, auch in Rautestein. Sonst ersticken wir darin. Weiter so!*

Spitzenmann: *Du bist echt ein Hinterwäldler. Ohne Plastik geht gar nichts.*

Kicker7: *Das video is voll öde. Schnarch.*

Blubl: *Echt. So n bullshit.*

Jessy Ka: *Oh Mann! Müssen wir uns jetzt schon von den Kids vorschreiben lassen, was wir tun sollen?*

NetterWetter: *Die Kids haben recht. Wenn jeder nur auf seine Bequemlichkeit achtet, dann geht es nicht mehr lang mit unserer Erde. Ich will aber, dass meine Kinder noch das Alter genießen können. Ohne*

Müllberge, Krankheit durch Mikroplastik, Klimakatastrophe und Hungersnot durch Dürre. Von mir Daumen hoch für den Film!

Michi B.: *Das mit der Klimakatastrophe ist doch nur eine Erfindung von den Ökos.*

Die Meiers: *Wir sehen das wie Netter-Wetter. Die Katastrophen machen nicht vor Rautestein halt. Denkt zum Beispiel an die Stürme und Überschwemmungen letztes Jahr. Unser Keller ist immer noch nicht ganz trocken. Durch Plastik werden Treibhausgase und* CO_2 *freigesetzt. Deshalb sollte man es vermeiden, wo es geht.*

XYZ: *Sollen doch erst mal die anderen was tun. Die Chinesen produzieren jede Menge Dreck. Oder die Amis. Das bisschen von Rautestein macht den Kohl nicht fett.*

Frau Friede: *Wir alle sollten etwas beitragen. Rautestein hat 20 000 Einwohner. Wenn jeder pro Jahr 50 Plastikflaschen vermeidet, also eine pro Woche, dann sind das eine Million Flaschen!!!*

Zerknirscht liest das *FürMorgen*-Team die Kommentare. Dann noch die Bewertungen: 22 Daumen nach unten und 56 nach oben. Zudem nur 37 Abonnenten. Die Konkurrenz schneidet besser ab. Samira hat 115 Follower, Phil immerhin 74. Das sieht nicht gut aus.

Nora schüttelt den Kopf. „Manche kapieren echt null.“

„Sie wollen es nicht“, brummt Isi. „Weil man nur ungern aufgibt, was bequem ist.“

Esma stöhnt. „Jeder denkt nur an sich.“

„Ich hab euch immer gesagt: Das mit dem Müll ist Müll“, mosert Mark. „Bei Miss Spliss und Phil haben die Leute nicht derart fieses Zeug geschrieben. Irgendwie hab ich gar keinen Bock mehr.“

Isi knufft ihn in die Schulter. „Von ein paar Schwachköpfen lassen wir uns doch nicht unterkriegen!“

„Sehe ich auch so.“ Lenny schlägt eine Faust in die Hand. „Jetzt erst recht. Aber die Zeit ist schon wieder knapp. Ich fürchte, wir müssen eine Wochenendschicht einlegen.“

„Geht nicht“, sagt Nora. Sie kramt vier Karten aus ihrer Tasche. „Ich hab am Samstag Geburtstag. Ihr seid eingeladen.“

Mark schaut sich sein Kärtchen an. „Ein Picknick am Stausee? Coole Idee!“

Für einen Moment ist der Stadtkanal vergessen. Die Geburtstagsfete am Stausee ist ein Thema, das mehr Spaß macht als dumme Kommentare im Internet.

5. Kapitel

Wasser des Grauens

Schon am Morgen breiten sich Nora und Isi am Stausee aus. Zum Glück, denn gegen Mittag sind bei diesem Sommerwetter nicht mehr viele schöne Plätze frei.

Esma hat als Geschenk ein Bettlaken bemalt. Es hängt zwischen zwei Bäumen: *Happy Birthday, Nora!* Die Schrift ist mit Blumen und der Zahl vierzehn umrandet.

Unter Sonnenschirmen liegen Decken bereit. In Kühlboxen gibt es Leckereien und kalte Getränke. Natürlich sind Limo, Saft und Wasser in Pfandflaschen aus Glas. Um weniger Abfall zu produzieren, hat Nora mit ihrer Mutter altes Geschirr vom Dachboden geholt.

Um kurz nach eins kommen zwei Klassenkameradinnen, bald darauf auch Esma und Mark.

„Alles Gute zum Geburtstag“, raunt dann eine bekannte Stimme in Noras Ohr. Lenny überreicht ihr ein Päckchen. Neugierig packt sie es aus. „Ein Kaffeebecher. Mit meinem Namen. Danke!“ Da steht noch mehr: *Schön, dass es Dich gibt!* Meint Lenny das wirklich so? Auf jeden Fall ist das ab sofort ihre Lieblingstasse.

Der Geburtstag ist super. Herrliches Wetter, leckeres Essen, nette Leute – Nora ist überglücklich. Natürlich sprechen sie zwischendurch auch über das Video und Umweltthemen. Aber das ist heute eher Nebensache.

Am späten Nachmittag schaut Lenny nervös auf die Uhr. „Ich sollte zum Training. Hab demnächst einen Wettkampf.“

„Quatsch, hier ist doch genug Wasser.“ Mark deutet auf den See.

„Na ja, ist nicht wie in der Halle, aber …“ Lenny überlegt.

„Ich fänd es jedenfalls schön, wenn du bleiben könntest“, sagt Nora und wird rot.

„Okay. Dann kraule ich ans andere Ufer.“

Esma staunt. „Das ist aber weit.“

Nur selten schwimmt jemand auf die andere Seite. Vor drei Jahren ist einer ertrunken. Seitdem gibt es eine Absperrung im See. Wegen spitzer Felsen und Gestrüpp ist die Uferseite gegenüber nur schwer erreichbar. Auch deshalb sind dort fast nie Badegäste.

Lenny startet sein Training. Unter dem Seil taucht er einfach durch. Dann krault er zügig vorwärts. Nora kann gerade noch seine paddelnden Arme erkennen.

An der anderen Seite zieht er sich an einem umgestürzten Baum hoch. Aber warum zappelt Lenny so herum? Ist er in einen Schwarm Stechmücken geraten?

Auch Mark hat ihn entdeckt. „Was macht Lenny da für einen Affentanz?“

„Wieso kommt er nicht zurück?“, wundert sich Nora.

Lenny scheint etwas auf der anderen Uferseite zu begutachten. Nach einigen Minuten steigt er wieder in den See. Diesmal hat er sich fürs Brustschwimmen entschieden.

Hustend und keuchend kommt Lenny aus dem Wasser. „Das ist voll ätzend!“, ruft er schon, bevor er wieder bei den anderen ist. „Da drüben ist irgendein Gift im See. Ich hab massenhaft tote Fische gesehen! Und das Wasser ist ganz rot.“

Mark betrachtet seinen Kumpel. „Vielleicht Farbe? Du bist nämlich auch rot wie ein Hummer“, meint er.

„Stimmt. Mann, das juckt und brennt!“, stöhnt Lenny. „Sogar im Hals. Und fühlt mal, das Zeug ist total ölig.“

Esma streicht über Lennys Arm. „Aber nicht wie Sonnencreme. Irgendwie rauer.“

„Riecht auch merkwürdig.“ Isi schnuppert. „Ein bisschen nach Metall.“

„Leute, ich muss das abwaschen.“ Lenny schnappt sich seine Tasche und verschwindet zur Dusche.

Zwanzig Minuten später kommt er wieder. „Ich möchte wissen, wer da was für einen Mist in den See gekippt hat.“

„Das darf man nicht, oder?“, fragt Esma.

Lenny schüttelt den Kopf. „Natürlich nicht. Das Gift geht ja ins Grundwasser. Und das ist ein Badesee! Wenn sich das Zeug bis hier verteilt, sehen bald alle aus wie Krebse. Außerdem ist das garantiert gesundheitsschädlich. Sieht man ja an den toten Fischen. Oh Mann, es brennt immer noch.“

„Du musst zum Arzt“, drängt Nora.

Lenny zuckt mit den Schultern. „Mal sehen, wie es mir morgen geht.“

Gemeinsam rätseln sie, was da im Wasser sein könnte. Dünger vom Bauern nebenan? Farbe? Industrieabwasser? Wer hat das hineingekippt? Wäre das nicht ein Thema für ein Video von *FürMorgen?*

„Ich werde es auf jeden Fall bei der Stadt melden“, beschließt Lenny.

So langsam leert sich das Badeufer. Auch Noras Gäste machen sich nach und nach auf den Heimweg. Nur Isi, Mark und Lenny sind noch da. Sie helfen, Geschirr und Decken zusammenzupacken.

„Okay, lasst uns gehen.“ Isi schnappt sich zwei Kühlboxen.

„Hm, ich würde echt gern noch eine Runde um den See drehen“, sagt Lenny nachdenklich. „Will ein paar Fotos von dem verseuchten Wasser machen.“

„Oh ja, gute Idee“, findet Nora.

„Nee, es ist schon bald neun“, bemerkt Isi. „Ich muss nach Hause.“

Mark nimmt einen Sonnenschirm unter den Arm. „Komm, Isi. Wir wollen das junge Glück nicht stören. Dann spielen wir eben die Lastenträger für Madame.“

Nora lacht. „Madame kann auch was verstecken und später abholen. Aber zuerst muss ich meine Leute anrufen.“

Ihre Eltern erlauben ihr, noch eine Stunde zu bleiben. Allerdings nur, wenn Lenny sie danach nach Hause begleitet.

Unterwegs sprechen Nora und Lenny über das verseuchte Wasser und den Stadtkanal. Aber auch über das gelungene Picknick, über Lennys Wettkampf und Noras Klavierunterricht.

Bald gibt es nur noch einen Trampelpfad am Rand des Sees. Und dann sieht Nora den ersten toten Fisch. Wenig später den nächsten. „Oje! Das ist ja schrecklich!“

Immer mehr tote Fische treiben in der rötlichen Brühe. Auch einen öligen Film kann man erkennen.

Schockiert legt Nora eine Hand auf den Mund. „Das ist eine Katastrophe! Wir müssen unbedingt in unserem nächsten Video darüber berichten."

„Genau. Das Wasser des Grauens", entgegnet Lenny. „Mal sehen, was die im Rathaus so meinen."

Schnell machen sie ein paar Fotos und Filmaufnahmen. Stöhnend steckt Nora ihr Smartphone wieder ein. „Der reinste Horrorfilm. Davon träum ich garantiert."

Bedrückt gehen sie weiter. An dieser Uferseite führt nur ein Holperweg zum See. An dessen Ende stoßen sie auf einen hellblauen Transporter. Nora grinst. „Da will wohl ein Pärchen ungestört sein."

„Hey, hast du das gesehen?" Lenny deutet auf die Autonummer. „Deine Initialen und dein Geburtstag: NB 126."

„Das ist ja witzig.“ NB könnte Nora Beck heißen. 126 steht für den 12. Juni.

Sie müssen einen Zahn zulegen. Als sie den Badestrand wieder erreichen, ist es bereits stockdunkel. Zum Glück spenden ihre Smartphones genug Licht. Hinter dem Busch finden sie die versteckten Sachen.

Erst nach zehn kommen sie bei Nora an. „Danke fürs Heimbringen“, sagt sie leise.

„Danke für den schönen Abend“, antwortet Lenny und schaut Nora in die Augen. Ziemlich lang. Dann dreht er sich schnell um und geht nach Hause.

6. Kapitel

Alles nur Luft?

Beim Arzt war Lenny nicht, aber im Rathaus. „Oh Mann, ich bin echt sauer!“, schimpft er bei der Lagebesprechung am Montag. „So ein Typ meinte, man habe das Wasser im See erst kürzlich geprüft. Sei alles bestens, könne man notfalls trinken. Dass es rot ist, käme vermutlich von eisenhaltiger Erde. Schon wieder untersuchen sei viel zu teuer.“

Nora ist entsetzt. „Wir sollten ihm ein Glas von dem Gebräu zu trinken geben!“

„Schaut euch mal die Bilder an.“ Lenny zeigt den anderen seine Handyfotos von der roten Brühe und den toten Fischen.

„Meine Fresse!“, stößt Mark aus.

„Also doch was für unser nächstes Video?“, meint Isi nachdenklich.

„Ich würde gern noch ein paar Fakten sammeln“, antwortet Lenny. „Vielleicht ist es eher was für unseren dritten Film.“

„Und welches Thema nehmen wir jetzt?“, fragt Isi.

„Wie wäre es mit der Kauf- und Konsumwut?“, schlägt Nora vor. „Die Leute bestellen sich übers Internet massenhaft Klamotten. Die Hälfte davon schicken sie einfach zurück. Für die Herstellung werden jede Menge Rohstoffe und Energie verbraucht. Es wird selbst ungetragene Kleidung entsorgt.“

„Du meinst, die werfen neue Kleidung weg?“, fragt Esma erstaunt.

„Damit sie wie neu aussieht, muss sie aufbereitet werden. Das lohnt sich für die Firmen oft nicht“, erklärt Nora.

Isi nickt. „Man sollte sich wirklich nur schicken lassen, was man braucht. Oder die Sachen gleich im Laden kaufen.“

„Manche haben sowieso viel zu viele Klamotten“, findet Esma.

„Jedes Jahr ein neues Smartphone ist auch unnötig“, fügt Isi hinzu.

„Interessantes Thema“, findet Lenny. „Aber wir würden gegen Samira arbeiten. Sie will den Konsum schließlich fördern.“

„Stimmt“, bestätigt Isi. „Bei Stress mit Miss Spliss hätten wir all ihre Fans gegen uns. Falls wir gewinnen, können wir uns das ja später vorknöpfen.“

„Pah!“ Mark winkt ab. „Wir haben sowieso null Chance.“ Frustriert zeigt er die neuesten Bewertungen. Samira hat inzwischen 211 Follower, Phil 143 und *FürMorgen* nur 76. Zudem gibt es bei den anderen viel mehr „Gefällt mir“-Klicks.

„Was gibt es sonst noch für Umweltthemen?“, fragt Lenny.

„Die Luftverschmutzung und ihre Auswirkung aufs Klima“, antwortet Nora. „Zum Beispiel die Belastung durch Treibhausgase – und die Rodung der Regenwälder macht es natürlich nicht besser …“

„Was hat das mit Rautestein zu tun?“, will Mark wissen. „Wir können ja nichts dafür, dass in Brasilien der Regenwald abgeholzt wird.“

„Doch, schon auch. Zum Beispiel kann man Möbel aus heimischen Hölzern kaufen. Oder weniger Fleisch essen."

„Hä?" Mark sieht Nora an, als habe sie nicht mehr alle Tassen im Schrank.

„Auf den gerodeten Flächen bauen sie oft Soja an", weiß Nora. „Das wird hauptsächlich als Futter für die Rinder in der Massentierhaltung verwendet."

Mark verschränkt die Arme. „Ich lass mir nicht mein Steak vermiesen."

„Es müssen ja nicht gleich alle Vegetarier oder gar Veganer werden", wendet Isi ein. „Aber man kann mit etwas weniger Fleisch auskommen."

„Die Menschen hier werfen auch oft Essen weg", fällt Esma ein.

„Bei manchen landet sogar guter Joghurt im Müll, nur weil er zwei Tage abgelaufen ist“, fügt Isi hinzu.

„Außerdem wird bei der Produktion von Lebensmitteln Luft verschmutzt und viel Wasser verbraucht“, ergänzt Nora.

„Treibhausgase zu reduzieren ist auf jeden Fall wichtig“, sagt Lenny. „Sonst brauchen wir irgendwann Sauerstoffmasken. Soweit ich weiß, kommen auch viele Unwetterkatastrophen davon.“

Die fünf stimmen ab. Vier sind für das Thema „Luft“. Mark zuckt nur mit den Schultern. Also ist es beschlossene Sache.

Nora legt beim nächsten Treffen ihre Notizen auf den Tisch. „Ich wusste nicht, dass es unserem Klima so schlecht geht.“

Mark lädt eine Internetseite. „Hier steht aber, es gibt gar keine Klimakrise.“

„Hast du mal recherchiert, wer das geschrieben hat?“, hakt Lenny nach.

„Wissenschaftler“, meint Mark.

Lenny schüttelt den Kopf. „Ich bin auch auf diese Seite gestoßen und hab nachgeforscht. Das sind keine Wissenschaftler, sondern Leute, die einer bestimmten politischen Richtung angehören. Denen passt Umweltschutz nicht, weil sie dann weniger verdienen würden.“

Mark überfliegt Lennys Nachforschungen. Skeptisch zieht er die Stirn in Falten, sagt aber nichts mehr.

„Was soll ins Video?“, fragt Lenny.

„Ich hab einiges zum Thema Fleisch nachgelesen“, meint Nora. „Wie gesagt: Der Regenwald wird vor allem wegen Fleisch gerodet – für Rinderweiden und Sojaplantagen. Das Soja wird exportiert, auch zu uns. Die abgeholzten Bäume fehlen weltweit als Lieferanten für Sauerstoff. Dann kommt dazu, dass Rinder extrem viel Methan rülpsen und pupsen."

Mark verdreht die Augen. „Klar. Wegen so 'nem Rinderfurz kriegen wir Atemnot."

„So ein Rindvieh stößt jeden Tag etwa zweihundert Liter Methan aus ..."

„Rindvieh Mark auch?" Isi grinst.

Nora lässt sich nicht stören. „Methan ist als Treibhausgas deutlich wirksamer als Kohlendioxid. Ein übler Klimakiller. Also: unbedingt weniger Fleisch essen. Milch, Butter und Käse sind ähnlich schlimm."

„Ich will aber nicht nur Körner fressen", motzt Mark. „Bin doch kein Huhn."

„Dann wärst du nicht ganz so schlecht für die Umwelt. Hühnerfleisch verursacht weniger CO_2 als ein Rindvieh“, antwortet Nora mit einem Augenzwinkern. „Man kann einfach etwas weniger Fleisch essen. Außerdem sollte man möglichst Biofleisch kaufen. Da werden die Tiere nicht so mies gehalten. Am besten aus der Region, weil weite Transportwege die Umwelt wieder mehr belasten.“

„Wir haben doch einen Biobauern am Stadtrand“, fällt Isi ein. „Dort könnten wir vielleicht einen kleinen Film drehen.“

Die Idee gefällt allen. Selbst Mark.

Als Nächstes sprechen sie über den Verkehr. Isi hat Fotos vor den Schulen gemacht. Kreuz und quer stehen Elterntaxis. „Obwohl ein bisschen Bewegung gesünder wäre.“

„Warum haben die meisten so große Autos?“, fragt Esma. „Kleinere würden oft reichen. Die brauchen weniger Sprit.“

„Außerdem produzieren die großen viel mehr Schadstoffe“, fügt Lenny hinzu.

„Einige geben sogar mit ihren Flugmeilen an.“ Isi schüttelt den Kopf. „Man muss doch in den Ferien nicht immer ans Ende der Welt fliegen.“

„Genau. Urlauber hauen durch die Fliegerei oft unnötig Dreck in die Luft“, bestätigt Nora. „Dann liegen sie in der Karibik unter Palmen. Strandurlaub kann man auch näher haben.“

„Und wozu braucht man Obst und Gemüse aus Peru oder Südafrika?“, fragt Isi. „Durch den Transport entstehen viele

Schadstoffe. Man muss doch im Winter keine Erdbeeren essen."

„Ja, der Verkehr ist ein echter Klimakiller", sagt Lenny. „Auch durch den Feinstaub. Da muss sich eine Menge ändern."

Ein weiteres Problem ist der steigende Energieverbrauch, der ebenfalls Umwelt und Luft belastet. Sie überlegen, wie auch Jugendliche Strom sparen können. Zum Beispiel nicht zu lang duschen. Klamotten nicht gleich in die Dreckwäsche werfen. Elektrogeräte nicht im Standby lassen …

„Darf ich wieder ein Interview machen?", fragt Esma.

„Wir könnten Jugendliche ansprechen, was sie für den Klimaschutz tun", schlägt Isi vor.

„Ja, das wäre super“, sagt Lenny. „Für die soll der Channel ja vor allem sein.“

Themen und Ideen haben sie genug. Nun muss ein spannendes Video daraus werden, um Phil und Samira zu toppen. Doch das wird nicht einfach.

7. Kapitel

Probleme ohne Ende

Lenny will noch einmal zum See, um bessere Fotos zu machen und eine Wasserprobe zu nehmen. Doch der Himmel zieht zu, ein starker Wind kommt auf. Die Aktion muss wohl warten.

Abends geht es richtig los. Ein schwerer Sturm pfeift durch die Stadt. Äste krachen von den Bäumen, Mülleimer kullern umher. Dann folgt der Regen. Einige Straßen werden zu reißenden Bächen.

Lenny hat einen Geistesblitz. Vom Fenster aus macht er Aufnahmen von dem beängstigenden Unwetter.

Auch Nora hält das schreckliche Getöse mit dem Handy fest. Dabei muss sie

an die Katastrophe im letzten Jahr denken. Dächer wurden abgedeckt, Häuser überschwemmt, Autos demoliert. Es gab sogar Tote, einen Mann und eine Frau. Auch die Katze der Nachbarn ertrank.

Rumms! Ein lauter Schlag, kurz darauf kreischt Noras Mutter. „Oh nein! Der Balkonkasten ist abgestürzt!“ Zum Glück wurde niemand von der Wucht getroffen.

Eine Stunde später ist der Spuk vorbei. Doch Gärten sind verwüstet, die Straßen voll Dreck. Immer häufiger erlebt auch Rautestein solche Katastrophen.

Am nächsten Tag gibt es im Büro der Schülerzeitung eine Sondersitzung.

„Ich hatte gestern schreckliche Angst.“ Esma hört sich noch immer verstört an. „Die Donnerschläge klangen wie Bomben. Ich hab mich unter der Bettdecke versteckt und gezittert.“

„War echt heftig.“ Mark zeigt eine dicke Schramme am Knie. „Der Sturm hat mich voll vom Bike gefegt.“

Nora seufzt. „Im Garten meiner Großeltern sind sämtliche Früchte hinüber.“

Alle können von Schäden berichten. Die Aufnahmen auf den Handys von Nora und Lenny sind erschreckend.

„Ich hab gestern noch recherchiert“, erzählt Lenny. „Dass wir immer häufiger so extremes Wetter haben, kommt eindeutig vom Klimawandel. Die Treibhausgase und die Erderwärmung sind daran schuld. Wasser verdunstet schneller. Die Folgen sind Dürre und Brandgefahr, aber auch heftige Niederschläge.“

Esma schluckt. „Kann man denn nichts dagegen tun?“

„Doch, schon“, antwortet Nora. „Genau das, worüber wir in unseren Videos berichten. Wir müssen zum Beispiel Energie sparen. Und wir dürfen die Luft nicht verpesten. Wenn wir die Erde ausbeuten, schlägt sie eben zurück.“

Klar, die Erde muss geschützt werden. Inzwischen ist sogar Mark überzeugt davon.

Einige Tage später haben sie jede Menge Material für den neuen Film beisammen. Zum Glück, denn er soll bald online sein. Die Szenen vom Unwetter passen super. Interessant ist auch das Gespräch mit dem Biobauern. Er erklärt, wie seine Tiere leben und welche Auswirkungen Dünger und Pflanzenschutzmittel haben.

Die Antworten der interviewten Jugendlichen sind sehr unterschiedlich. Manchen ist bewusst, dass sie etwas für den Klimaschutz tun müssen. Andere interessiert das nicht die Bohne.

Nora und Lenny haben viele Infos zu Luftverschmutzung und Klimaerwärmung gesammelt. Die sollen auch ins Video.

„Ich bin mir nicht sicher, wie ich alles zusammenschneiden soll", gibt Mark zu. „Kann mir jemand helfen?"

„Heute und morgen muss ich Mathe lernen", sagt Isi. „Aber danach vielleicht."

Mark überlegt nicht lang. „Ich helf dir bei Mathe und du mir mit dem Video."

„Super Deal!" Isi schlägt bei Mark ein. „Dann komm ich heute um vier."

„Das wäre also geklärt", sagt Lenny. „Jetzt muss ich euch noch etwas erzählen.

Ich war heute Morgen noch mal an dem verseuchten Ufer am Stausee. Wollte Fotos machen und eine Wasserprobe holen. Leider hat das Unwetter alles aufgewühlt und die Ekelbrühe verteilt."

„Mist", flucht Nora. „Dann ist das Gift jetzt auch auf der Badeseite."

„Ich fürchte, ja. Hoffentlich gut verdünnt. Kaum zu glauben, dass die vom Rathaus nichts unternehmen. Vorhin am Telefon meinten sie, irgendwann würden sie das prüfen." Lenny klingt sauer. Auch die anderen können es nicht fassen.

„Was, wenn alle krank werden, die im Stausee baden?", fragt Esma.

„Dann ist die Kacke am Dampfen", meint Mark. „Aber auf uns hört ja keiner."

„Bei meinem Ausflug sind mir frische Autospuren aufgefallen. Ich hab sie fotografiert“, macht Lenny weiter. „An derselben Stelle ist kürzlich ein hellblauer Transporter aufgetaucht. Und auch vorgestern bin ich so einem begegnet. Mit dem gleichen Reifenprofil. Er stand auf dem Gelände der alten Werkzeugfabrik.“

„Am Stadtrand? Die steht doch leer“, wendet Mark ein.

„Dachte ich auch“, erwidert Lenny. „Aber da wird wieder gearbeitet. Von dem Transporter dort konnte ich das Kennzeichen entziffern.“

„Lass raten“, sagt Nora. „NB 126.“

„Hundert Punkte.“ Lenny zwinkert ihr zu. „Bei tausend gibt’s ein Eis.“

„Cool!“, ruft Nora aus. „Dann sammle ich für ’nen Heidelbeerbecher.“

„Hä? Woher kennst du das Nummernschild?“, wundert sich Esma.

„Ich hab den Wagen auch schon mal gesehen.“ Nora berichtet gemeinsam mit Lenny von ihrer Entdeckung am See.

„Haben diese Leute das Wasser vergiftet?“, fragt Esma nachdenklich.

Lenny fährt sich durch seine Wuschelhaare. „Ich kann nichts beweisen. Ist aber gut möglich.“

„Das müssen wir rausfinden!“, ruft Mark.

Aber wie? Knapp tausend Ideen werden besprochen. Am Ende bleibt eine übrig. Vermutlich die gefährlichste. Freitagnacht wird’s spannend.

Vorher muss aber noch der zweite Beitrag ins Netz. Mark und Isi geben ihr Bestes. Und das Video wird super. Der YouTube-Channel von *FürMorgen* bekommt eine Menge neue Follower. Nun haben sie beinahe so viele Abonnenten wie Phil und immerhin die Hälfte von Samira. Die Kommentare sind allerdings wieder sehr gemischt. Manche wollen nicht einsehen, dass die Unwetter zum Teil von Menschen gemacht sind.

Plötzlich tauchen dann auch noch böse Verleumdungen auf. Mark entdeckt sie zuerst, am Freitag in der großen Pause. „Was?! Die haben doch nicht alle Latten am Zaun!“ Eilig sucht er die anderen. „Das müsst ihr euch ansehen!“

Eine Diana meint, *FürMorgen* hätte Filmmaterial gestohlen. HenryF schreibt, Mark habe ihn verprügelt. Und Chilly Lilly behauptet, Nora und Isi hätten Samira gemobbt. Die Folge: Daumen nach unten.

„Das ist doch alles gelogen, oder?“, fragt Esma unsicher.

„Na klar.“ Mark ist stinkwütend.

„Wer denkt sich bitte so einen Quatsch aus, um uns zu schaden?“, rätselt Lenny.

Isi schielt zu Samira und ihrer Clique hinüber. „Miss Spliss“, sagt sie leise.

„Du meinst, sie will so hinterhältig auf Stimmenfang gehen?“, fragt Nora.

Mark deutet auf die Kommentare unter Phils Video. „Da haben dieselben drei Leute fieses Zeug geschrieben.“

Bei Samira dagegen gibt es fast nur Lob. Für Nora ist klar: „Isi hat recht. Wir müssen uns Miss Spliss vorknöpfen."

Zu fünft stürmen sie auf Samira zu.

„Hi, wie läuft's?", fragt Samira lächelnd.

„Was soll das?", fährt Lenny sie an.

Samira fällt ihr Lächeln aus dem Gesicht. „Wie? Worum geht's?"

„Jetzt spiel nicht das Unschuldslamm“, mosert Isi. „Nimmt dir keiner ab.“

Mark hält Miss Spliss sein Handy unter die Nase. „Findest du das fair?“

Samira wird blass. „Davon wusste ich nichts“, beteuert sie entsetzt.

Isi beobachtet einige der Mädchen, die eben noch mit Miss Spliss gelacht haben. Da fällt ihr eine auf: Luisa. Sie wirkt erschrocken. Hat sie etwas damit zu tun?

„Ich kläre das“, verspricht Samira. „Fairness muss sein.“

Nach dem Unterricht sieht Isi, dass Luisa schluchzend die Schule verlässt. Allein. Ohne Samira und ihre Clique.

Am Nachmittag sind die Lügen auf YouTube verschwunden. Auch bei Phil.

Samira hat sich in einem Kommentar entschuldigt. Jemand wollte sie mit unfairen Mitteln unterstützen, schreibt sie, aber ohne sich mit ihr abzusprechen. Danach schießen bei allen jede Menge Daumen nach oben. Wie üblich: Ein Skandal lockt neugierige Beobachter.

Noch immer liegt Samira vorne, mit insgesamt 342 Followern. Bei Phil und *FürMorgen* sind es um die zweihundert. Der Sieg ist für das Umweltschutz-Team weit entfernt. Aber es geht aufwärts.

8. Kapitel

Spione in der Dunkelheit

Nachts um halb zwölf ist der Parkplatz im Industriegebiet eigentlich ausgestorben. Doch heute tauchen im schwachen Licht einiger Laternen fünf geheimnisvolle Gestalten auf. Alle sind schwarz gekleidet.

„Oh Mann, ich dachte, meine Alten gehen nie ins Bett“, brummt jemand. Hört sich an wie Mark.

„Ich bin fast eingeschlafen.“ Klingt wie Esma. Sie gähnt laut.

„Mein Bruder saß noch vor dem Fernseher“, murrt Nora. „Deshalb musste ich aus dem Fenster klettern.“

„Mir ist ein Nachbar begegnet“, sagt Isi. „Hoffentlich hat er mich nicht erkannt.“

„Okay, jetzt sind zum Glück alle da.“ Das ist Lenny. Mit seinem schwarzen Hoodie sieht man ihn kaum. „Dann los.“

Auf leisen Sohlen gehen sie weiter Richtung Stadtrand. Langsam gewöhnen sich ihre Augen an die Dunkelheit. Nur Isi hat Probleme, sie sieht nachts schlecht. Deshalb hakt sie sich bei Nora unter.

„Und was, wenn wir entdeckt werden?“, murmelt Esma vor sich hin. „Oder wenn da ein bissiger Wachhund ist?“ Sie nimmt Noras zweiten Arm in Beschlag. So fühlt sie sich etwas sicherer.

Eine Viertelstunde später deutet Lenny auf ein kleines Fabrikgelände. „Wir gehen hinten herum. Dort hab ich ein Loch im Zaun entdeckt.“

„Warum ist das Licht an?“, fragt Esma verwundert. „Sind da Leute?“

„Ich glaube nicht, dass die nachts arbeiten“, meint Lenny. „Wahrscheinlich nur ein Schutz gegen Einbrecher.“

Er schleicht voran, die anderen folgen ihm. Bald führt der Weg durchs Gebüsch und ist bloß noch im Gänsemarsch begehbar.

„Shit!“, flucht Mark im Flüsterton. „Das war Hundekacke.“

„Sind wir hier wirklich richtig?“, fragt Isi. Wegen ihrer Nachtblindheit kann sie kaum etwas erkennen. Mühsam stolpert sie als Letzte durch die Dunkelheit.

„Au!“ Nora ist ein Ast ins Gesicht geknallt.

„Pst“, flüstert Lenny. „Wir sind gleich da.“

Im fahlen Licht der Fabrik kommt ein Gitter zum Vorschein. Lenny steuert darauf zu. „Los, hier ist das Loch." Er bückt sich und kriecht durch den Zaun. Dann winkt er den anderen zu, ihm nach links zu folgen. Plötzlich bleibt er stehen. Mark knallt ihm in den Rücken.

„Spinnst du?!", zischt Mark. Doch dann sieht er den Grund: Zwei Männer wuchten keine zwanzig Schritte entfernt einen großen Kanister in einen hellblauen Transporter. Zum Glück haben sie die Spione nicht entdeckt.

Wie der Blitz verstecken sich die Jugendlichen hinter einem Busch. Der liegt nah genug, dass man die Männer beobachten kann.

Lenny holt sein Smartphone aus der Tasche. Zwischen den Ästen filmt er die beiden Typen. Gerade wird der nächste Kanister aufgeladen.

„Da könnte die giftige rote Brühe drin sein“, wispert Nora.

Plötzlich spürt Lenny eine kräftige Hand auf der Schulter. Vor Schreck lässt er sein Handy fallen. Kracks! Das war ein Stiefel auf dem Display. Kurz darauf hört er Mark fluchen. Esma stößt einen leisen Schrei aus und Nora flitzt davon.

Ein Mann schreit direkt neben Lennys Ohr. Die Sprache versteht er nicht, könnte Russisch oder Polnisch sein.

Die beiden Arbeiter vom Lieferwagen kommen auch angerannt. Einer erwischt unterwegs noch Nora am Kragen.

Die vier Männer zerren die Jugend-lichen laut zeternd zu der Fabrik und schleppen sie eine lange, steile Treppe hinunter. Unten werden sie in einen dunklen Raum geschubst. Rumms!, knallt die Tür hinter ihnen zu. Ein Schlüssel dreht sich im Schloss.

„Wo sind wir? Ich hab Angst", wimmert Esma.

„Warte, ich mach Licht." Mark schaltet die Taschenlampe seines Handys ein.

Der Raum ist klein und voll altem Gerümpel. Es riecht feucht und muffig. Der Lichtschalter funktioniert nicht. Den jungen Gefangenen steckt der Schreck in den Gliedern. Und die Angst. Und Ekel.

„Hoffentlich werden wir nicht von Ratten gefressen", stöhnt Mark.

Esma boxt ihn in die Seite. „Sag nicht immer so doofe Sachen."

„Übrigens verbreitest du üblen Gestank nach Hundekacke", meint Lenny zu Mark.

Mit Blitzlicht macht Nora einige Fotos von der schrecklichen Unterkunft. Plötzlich fällt ihr etwas Entsetzliches auf. „Nein!“, kreischt sie. „Isi! Wo ist Isi?“

„Stimmt!“, keucht Esma. „Was haben die Männer mit ihr angestellt?“

„Geht der Notruf?“, überlegt Lenny.

Nora wählt. „Oh nein! Kein Netz!“ Auch Mark hat kein Glück.

„Und nun?“ Nora klingt verzweifelt. „Die Typen lassen uns doch hier versauern. Und Isi – ich will mir gar nicht ausmalen, was die mit ihr …“

Sie sind von der Außenwelt abgeschnitten. Niemand weiß, wo sie sich aufhalten. Außer den vier Männern. Und die haben sicher nichts Gutes mit ihnen vor.

„Vielleicht kann man uns orten“, überlegt Lenny. „Mein geschrottetes Smartphone liegt noch oben.“

„Nein.“ Esma holt etwas aus der Tasche. „Ich hab’s heimlich eingesteckt.“

„Oh Mist! Dann kann uns keiner finden.“ Frustriert drückt Lenny auf dem kaputten Handy herum. Aber es ist tot. „Meine Aufnahmen sind auch hinüber.“

„Leute, wir müssen so schnell wie möglich hier raus.“ Mark kickt mit dem Fuß an die Wand. „Ich will nicht, dass man irgendwann mein Skelett hier findet. Wir müssen die Tür aufbrechen.“

„Liegt irgendwo ein Draht rum?“, überlegt Lenny. „Dann könnten wir versuchen, das Schloss zu knacken.“

Tatsächlich taucht zwischen dem Gerümpel ein dünner Metallstab auf. Mark

leuchtet und Lenny macht sich am Schloss zu schaffen. Nichts tut sich. Sie tauschen. Wieder nichts.

Esma trippelt von einem Bein aufs andere. „Ich muss mal ganz dringend."

„Dahinten ist ein alter Eimer", weiß Lenny. „Wir schauen weg." Es gibt kein Klo, kein Wasser, nichts zu essen.

Kraftlos setzen sie sich an einer einigermaßen sauberen Stelle auf die Erde. Der Stein ist kalt, aber sie sind müde. Mark schaltet sein Handy aus. Das Licht macht diesen grausigen Ort auch nicht besser. Außerdem muss er Akku sparen.

Nora zittert. Lenny legt einen Arm um ihre Schultern. Da wird ihr gleich ein bisschen wohliger. Doch die Angst bleibt.

„Ich will nicht sterben", wimmert Esma.

„Quatsch, du wirst hundert", nuschelt Nora mit wenig Überzeugung.

„Tut mir leid“, sagt Lenny und schnieft. „Ich bin an dem ganzen Mist hier schuld.“

Beruhigend streicht Nora über seinen Rücken. „Wir haben uns das alle zusammen ausgedacht“, sagt sie leise.

„Konnte ja niemand ahnen, dass wir mit der Aktion unser Grab schaufeln“, fügt Mark noch leiser hinzu.

Dann verstummen alle. Die Gedanken, die in den vier Köpfen herumspuken, kann keiner hören. Und was in der Ecke raschelt, wollen sie lieber nicht wissen.

9. Kapitel

Die Rettung

Nora zuckt zusammen. Anscheinend ist sie eingeschlafen – im Sitzen auf dem Fußboden. Ein Geräusch hat sie geweckt. Stimmen. Schritte. Mehrere Menschen steigen die Kellertreppe hinunter.

„Die Männer kommen“, wispert Esma. „Was machen sie jetzt mit uns?“

„Vermutlich laden sie uns nicht zum Kaffeekränzchen ein“, brummt Mark.

Der Schlüssel dreht sich im Schloss. Lenny legt einen Arm um Noras Schulter. Esma krallt sich an Noras Arm fest. Mark spannt seine Muskeln an.

Quietschend öffnet sich die Tür. Ein Mann kommt herein. Er leuchtet den

Jugendlichen ins Gesicht. „Da seid ihr ja. Ist alles in Ordnung mit euch?“

Ein Lichtkegel fällt auf den Mann. Er trägt keine Uniform.

„Sind Sie von der Polizei?“, fragt Esma hoffnungsvoll.

Er nickt. „Polizeihauptmeister Schmitzke, dein Freund und Helfer.“

„Hammer!“ Mark streckt sich.

„Haben Sie Isi gefunden?“, fragt Nora.

Ein zweiter Polizist in Uniform tritt neben Herrn Schmitzke. „Eure Freundin Isabell hat uns geholt. Ohne sie hätten wir euch nicht so schnell gefunden.“

Wieder hört man Schritte auf der Treppe. Jemand quetscht sich an den Polizisten vorbei. „Nora!“, kreischt Isi. Schluchzend wirft sie sich in Noras Arme. „Ich hatte solche Angst um euch."

„Und wir hatten schreckliche Angst um dich." Nun kann auch Nora die Tränen nicht mehr zurückhalten.

„Sagt mal, was habt ihr euch dabei gedacht?“, fragt Herr Schmitzke vorwurfsvoll. „Das hätte übel enden können!“

„Wir wollten Beweise finden. Ich glaube, diese Firma ist für einen Umweltskandal verantwortlich“, erklärt Lenny.

„Schon mal davon gehört, dass wir für solche Aufgaben zuständig sind?“, fragt der andere Polizist.

„Ich weiß“, sagt Lenny kleinlaut. „Aber die Stadt hat nichts unternommen und …“

„Na, jetzt geht mal schnell nach Hause“, unterbricht ihn Herr Schmitzke. „Der Vater eurer Retterin wartet schon auf euch. Aber heute Nachmittag um vier will ich euch auf der Polizeidienststelle sehen. Gerne mit euren Eltern.“

„Wir kommen“, verspricht Lenny. „Aber Sie müssen den Laden hier untersuchen.“

„Keine Angst, junger Mann“, antwortet der andere Polizist mit leichtem Vorwurf in der Stimme. „Wir haben das im Griff.“

„Verdammt, mir tut alles weh“, stöhnt Mark, als sie die Treppe hinaufsteigen.

„Wo sind die Männer?“, fragt Esma ein wenig unsicher.

„Die haben wir wegen Freiheitsberaubung in Gewahrsam genommen“, sagt Herr Schmitzke. „Eure Freundin hat gefilmt, wie sie euch überwältigt haben.“

„Gut.“ Esma atmet erleichtert auf.

Sechs Uhr. Etwa fünf Stunden waren sie eingesperrt. Die Sonne verkündet bereits einen schönen Sommertag.

Isis Vater steht mit einem Van vor dem Fabriktor. „Da sind ja die Einbrecher“, sagt er mit einem Augenzwinkern. „Ehrlich gesagt hätte ich euch für schlauer gehalten. Das war extrem leichtsinnig!“

„Papa! Muss das jetzt sein?“, fragt Isi genervt.

Ihr Vater atmet tief durch. „Ich bin auf jeden Fall froh, dass ihr okay seid.“

Die anderen Eltern haben eben erst von der Aktion erfahren. Natürlich gibt es zu Hause heftige Standpauken. Aber vor allem sind die Eltern froh, dass alles gut ausgegangen ist.

Am Nachmittag um drei trifft sich das *FürMorgen*-Team im Park in der Nähe der

Polizeiwache. Eine heiße Dusche, einige Stunden Schlaf und leckeres Mittagessen haben Wunder gewirkt.

„Jetzt will ich endlich alles wissen“, löchert Nora ihre Freundin. „Wie konntest du vor den Typen fliehen?“

„Ich bin nicht geflohen“, antwortet Isi. „Ich hab fast nichts gesehen und bin gestolpert. Ein Ast hat mir auch noch die Brille vom Kopf gefegt. Ich hab sie ewig gesucht. Als ich durch das Loch im Zaun schlüpfen wollte, hab ich die Männer bemerkt. Sie haben euch gerade brutal weggezerrt. Ich hab alles gefilmt. Und dann hab ich die Polizei gerufen.“

„Puh!“ Nora grinst. „Ein Glück, dass du so ein blinder Maulwurf bist.“

Natürlich will nun auch Isi wissen, wie es den anderen ergangen ist.

„Ratten, grässlich!“, stöhnt sie nach dem Bericht.

„Die Viecher sind uns zum Glück nicht zu nah gekommen“, antwortet Lenny. „Wahrscheinlich wegen Mark. Der stank so dermaßen nach Hundekacke …“

Lachend machen sie sich auf den Weg zur Polizeiwache. Die Angst sitzt ihnen noch in den Gliedern. Doch Lachen nimmt dem Schrecken seine Kraft.

Am Eingang treffen sie auf Noras Mutter und Esmas Vater. Sie wollen bei der Befragung dabei sein.

Polizeihauptmeister Schmitzke erwartet sie schon. „So, nun möchte ich von euch genau wissen, wie alles abgelaufen ist“, sagt er. „Fürs Protokoll.“

Lenny berichtet von den toten Fischen und der rötlichen Substanz im Wasser. „Das muss Gift sein. Meine Haut hat übelst gebrannt.“

„Ist da nicht eine Absperrung im See?“, fragt Herr Schmitzke.

„Schon.“ Lenny kaut nervös auf seiner Unterlippe. Schnell spricht er weiter und erzählt von dem Lieferwagen. „Ich glaube, in den Kanistern ist eine giftige Flüssigkeit von der Fabrik. Die leiten sie in den See. Aber wir hatten keine Beweise. Und die vom Rathaus wollten nichts tun.“

„Aha. Deshalb seid ihr eingebrochen.“ Herr Schmitzke schüttelt den Kopf. „Erzählt mal weiter“, fordert er die Jugendlichen auf. Aufmerksam hört er sich an, wie sie eingesperrt worden sind.

Am Ende schüttelt er wieder den Kopf. „Warum ist euch die Sache eigentlich so wichtig? Ihr habt euch dafür in große Gefahr begeben.“

„Na, wegen unserem YouTube-Channel beim Stadtkanal“, antwortet Esma. „Wir kämpfen doch für den Umweltschutz.“

„Anstatt für die Schule zu lernen“, brummt ihr Vater.

„Ihr seid die *FürMorgen*-Leute?“, fragt der Polizeihauptmeister.

„Genau“, bestätigt Nora. „Wir müssen noch ein Video machen. Da dachten wir, dieser Umweltskandal wäre ideal.“

„Soso.“ Herr Schmitzke überlegt. „Es hat aber nicht zufällig jemand von euch das Zeug ins Wasser gekippt?“

Die Jugendlichen sind so empört, dass sie das Grinsen des Polizisten übersehen.

„War nur ein Witz“, beruhigt er sie. „Ich fand eure ersten beiden Videos sehr beeindruckend. Umweltschutz ist wichtig. Aber diesmal seid ihr zu weit gegangen. Das könnte eine Strafe geben.“

Noras Mutter stöhnt.

„Die nehm ich auf mich“, sagt Lenny mit gesenktem Kopf. „Ich hab die anderen da mit reingezogen.“

„Mann, spiel nicht den Helden“, geht Mark dazwischen. „Wir haben das alle gemeinsam verbockt.“

Nora hat noch andere Sorgen: „Können wir nun eigentlich über die Sache berichten? Und erfahren wir, ob die von der Werkzeugfabrik wirklich giftiges Zeug im See entsorgt haben?“

Der Polizist wiegt den Kopf hin und her. „Das kann ich nicht versprechen. Aber ich werde ein gutes Wort für euch einlegen.“ Er lächelt in die Runde. Es gibt also einige Hoffnungsschimmer.

10. Kapitel

Für Morgen

Herr Schmitzke ist ein Engel. Er konnte erreichen, dass die Umweltschützer über einen Teil der Ermittlungen berichten dürfen. Und er will versuchen, eine Strafe für die Jugendlichen abzuwenden.

Plötzlich geht es Schlag auf Schlag. Bei einer Wasserprobe am Stausee werden Schwermetalle in gefährlicher Menge gemessen. Tatsächlich wurden Abwasser von der Metallverarbeitung ins Wasser geleitet. Der See ist ab sofort gesperrt.

Spuren und Erdproben beweisen, dass der hellblaue Transporter dort war. Die Kanister enthalten giftige Abwasser – genau wie die vom See.

„Diese Stoffe müssen eigentlich gegen Gebühr entsorgt werden“, erklärt Herr Schmitzke. „Da wollte jemand sparen.“

„Hat denn niemand überprüft, was die mit der Giftbrühe machen?“, fragt Lenny.

„Die Fabrik war nicht angemeldet“, meint Herr Schmitzke. „Ein Rautesteiner hat sie gepachtet, angeblich für Hobbyzwecke. Aber er hat die alten Maschinen benutzt, um Werkzeuge herzustellen.“

„Und die fiesen Männer?“, fragt Esma.

„Das waren billige Schwarzarbeiter aus Osteuropa“, sagt der Polizist. „Also ein weiteres Delikt.“

Nora runzelt die Stirn. „Wenn das alles hintenherum lief, wie konnte er die Werkzeuge dann verhökern?“

„Über eBay zum Beispiel. Das Werkzeug bekam das gefälschte Logo eines Markenfabrikats. Die Käufer dachten, sie würden ein Schnäppchen machen. Stattdessen erhielten sie Schrott.“

„Also kommt noch Markenpiraterie dazu“, stellt Lenny fest.

„Wann wird man wieder im See schwimmen können?“, will Nora wissen.

„Oh, das kann dauern.“

„Mann! Nur weil so ein paar Flachköpfe nicht an unsere Umwelt denken.“ Mark regt sich auf, als wäre Naturschutz schon immer sein Lieblingsthema gewesen.

„Zum Glück habt ihr das Ganze entdeckt“, bemerkt der Polizist. „Außer toten Wassertieren und Hautreizungen bei

Schwimmern ist mir nichts bekannt. Da hätte jemand ernsthaft erkranken können.“

Natürlich sind die örtlichen Zeitungen wild auf die Story. Sogar die Abendschau will über den Umweltskandal berichten.

Für das *FürMorgen*-Team heißt es Dampf machen. Ihr Video muss online sein, bevor das Thema von anderen Medien ausgeschlachtet worden ist.

Immerhin haben die fünf ein Exklusiv-Interview mit Polizeihauptmeister Schmitzke. Außerdem gibt es Isis Video von der brutalen Verschleppung. Und Mark kann zum Glück Lennys Speicherkarte retten. Darauf und auf Noras Handy sind einige Bilder von toten Fischen in der rötlichen

Brühe. Alles muss sortiert und zu einem Video geschnitten werden.

„Könntest du mir wieder helfen?“, wendet sich Mark an Isi.

„Na gut“, antwortet Isi frech grinsend. „Allein kriegst du ja nix auf die Reihe.“

„Dafür bin ich besser in Mathe“, kontert Mark mit einem Augenzwinkern.

Das Video wird der Renner. Manche Filmsequenzen sind verwackelt, einige Bilder unscharf. Aber gerade dadurch wirkt alles sehr glaubwürdig. Im Nu verbreitet sich die Nachricht von der Aufklärung des Umweltskandals in ganz Rautestein und Umgebung. Erst recht, als auch noch die Abendschau über den Einsatz der Jugendlichen berichtet. Die „Gefällt mir"-Stimmen und Follower steigen rasant.

In den Kommentaren gibt es viele Dankesworte. „Wenn meine Tochter das Wasser geschluckt hätte – kaum auszudenken!", schreibt eine Mutter.

„Das Gift hätte unser Trinkwasser verunreinigen können!", bemerkt ein Mann.

Eine Frau gibt zu bedenken: „Anderswo haben die Menschen ständig solch ungenießbares Trinkwasser. Daran sind zum Teil wir schuld. Wenn wir zum Beispiel Billigklamotten kaufen. Die Textilindustrie leitet ihren Dreck einfach in die Flüsse."

Verseuchtes Wasser gibt es plötzlich nicht mehr nur weit weg. Die Katastrophe ist sozusagen vor der Haustür angelangt.

Manchen wird dadurch ein bisschen bewusster, wie es vielen Menschen in Asien und Afrika ergeht.

Dann kommt der magische Tag. Um sechs Uhr abends soll sich entscheiden, welche Gruppe den Zuschlag für den Jugendkanal von Rautestein erhält. In der großen Pause stehen die *FürMorgen*-Leute aufgeregt beieinander. Im Moment gibt es ein Kopf-an-Kopf-Rennen zwischen ihnen und Samiras Mode-Channel.

„Wenn's doch schon sechs Uhr wäre", stöhnt Nora. „Ich will es endlich wissen."

Mark aktualisiert minütlich die Seite. Plötzlich stutzt er. „Da steht, Samira wurde von den Boutiquen bezahlt."

„Das wär der Hammer", schnaubt Lenny.

Inzwischen hat auch Nora die Seite geöffnet. „Da ist eine Antwort von Samira. Sie schreibt, das sei normal. Die meisten Influencer machen das angeblich so."

Viele Rautesteiner sind trotzdem sauer. Sie wollen ehrliche, unabhängige Berichte.

Und dann kommt die Entscheidung. Das Team sitzt gemeinsam im Büro. Noch zehn Sekunden, neun, acht … Plötzlich ploppt eine Fehlermeldung auf: *Diese Seite ist vorübergehend nicht erreichbar.*

„Nee, oder?", stöhnt Mark.

Kurz darauf erscheint die Nachricht, dass die Gewinner ermittelt seien.

„Aber wer ist es?", stößt Lenny aus.

Endlich wird das Siegerteam präsentiert. „Wir haben gewonnen!", jubeln sie zu fünft.

FürMorgen hat den Job. Mit professioneller Ausrüstung und mehr Zeit werden die Videos garantiert noch besser. Und sogar bezahlt.

Wenige Tage danach erscheint die Schülerzeitung. Darin gibt es noch einmal Fakten zu den Umweltthemen. Außerdem berichtet das Team über seine Abenteuer und den Giftskandal im See. Innerhalb einer Stunde sind alle Hefte verkauft. Die Ausgabe muss nachgedruckt werden.

Auf der letzten Seite ist ein Aufruf, für mehr Klimaschutz zu demonstrieren. Das war Noras Einfall.

Und er wirkt. Hunderte versammeln sich auf Rautesteins Straßen. Die Umwelt ist doch nicht allen egal. Allein kann keiner die Erde retten. Aber ein bisschen dazu beitragen, das schon.

Lenny ist begeistert. „Nora, für die geniale Idee bekommst du neunhundert Punkte“, verkündet er strahlend. „Für wie viele hab ich dir noch mal ein Eis versprochen …?“

Schon am nächsten Nachmittag löst Lenny sein Versprechen ein.

„Hey, die Heidelbeere gehört mir!“ Lachend kämpft Nora mit ihrem Löffel um die blaue Frucht.

„Okay, dann krieg ich die Erdbeere“, entgegnet Lenny.

„Oh, schau, Isi und Mark sind auch da. Sollen wir sie zu uns holen?“, meint Nora.

„Nee, besser nicht.“ Lenny grinst. „Sie haben einen Freundschaftsbecher.“

„Wir doch auch“, stellt Nora fest.

Lenny nimmt ihre Hand und sieht ihr tief in die Augen. „Eben“, sagt er leise.

Da wird Nora trotz des kalten Eisbechers ganz warm. Und das liegt nicht am Klimawandel.